ORAISON FUNEBRE

DE TRÈS-HAUT, TRÈS-PUISSANT, *ET TRÈS-EXCELLENT PRINCE*, LOUIS LE BIEN-AIMÉ, *XV.e DU NOM*, ROI DE FRANCE ET DE NAVARRE,

Prononcée dans l'Église de l'Abbaye Royale de Marmoutier, le Samedi 27 Mai 1775, lors du Service Solemnel que le Chapitre Genéral de la Congrégation de Saint Maur y a fait célébrer.

PAR Dom MESNILGRAND, Religieux de la même Congrégation, Professeur de Théologie en l'Abbaye de Saint Étienne de Caen, & Député au Chapitre Général.

A TOURS,

De l'Imprimerie de VAUQUER-LAMBERT, Imprimeur du Roi.

M. DCC. LXXV.

ORAISON FUNEBRE

DE LOUIS LE BIEN-AIMÉ.

XV.[e] DU NOM,

ROI DE FRANCE ET DE NAVARRE.

Longè divulgatum est nomen ejus, & dilectus est in pace sua.

Son nom s'est rendu célèbre, & il a été aimé dans son regne de paix.
Ecclésiastique. XLVII. 17.

MONSEIGNEUR, *

TANDIS que tous les regards sont arrêtés sur la pompe auguste avec laquelle la Religion s'avance & vient ceindre le diadême à un Roi, déja les délices de son peuple; lorsque tout retentit des acclamations de la France; qu'elle se prépare à célébrer le jour fortuné qui doit consacrer son bonheur;

* M. l'Evêque d'Arras, Commissaire du Roi, Célébrant.

tous les ſymboles de la douleur ſe reproduiſent dans cette enceinte ; le Temple eſt encore couvert d'un voile funebre, & des accens lugubres ſe font entendre parmi les cris de l'allégreſſe d'un peuple heureux..... La félicité publique n'a-t'elle donc pu ſécher nos larmes, & le regne de la bienfaiſance n'a-t'il plus le droit d'intéreſſer nos cœurs ?

A Dieu ne plaiſe que la joie des citoyens nous ſoit jamais étrangere ! Ces triſtes hommages n'alterent point celui que notre amour s'eſt empreſſé de rendre à l'héritier du Trône & des vertus d'un Prince qui daignoit s'occuper avec tant de bonté de nos intérêts, & qui dans les tems les plus difficiles fut toujours notre principal appui. La piété filiale s'honore elle-même du ſentiment qui anime nos vœux. L'encens que la reconnoiſſance brûle ſur la tombe d'un pere chéri, eſt aux yeux d'une ame ſenſible, le plus flatteur & le plus précieux des tributs.

En rempliſſant ces devoirs ſacrés, je n'interromprai point le repos du Sanctuaire par le récit ſanglant des Combats ; je louerai des vertus tranquilles ; un Prince pacifique qui mérita la confiance des Nations, & qui épargna leur ſang ; un Monarque bienfaiſant, chéri de ſes Sujets qu'il rendit heureux. Tels ſont les traits ſous leſquels je dois vous préſenter le Regne de TRÈS-HAUT, TRÈS-PUISSANT, TRÈS-EXCELLENT PRINCE, LOUIS, LE BIEN-AIMÉ, XV.e du nom, Roi de France & de Navarre. Puiſſe le foible éloge que je viens lui offrir, mériter l'attention d'un Pontife honoré de ſa confiance, qui fut parmi nous le Miniſtre de ſa bonté, & rendre tous les ſentimens d'un Corps qui en conſerve ſi précieuſement le ſouvenir.

PREMIERE PARTIE.

L'EMPREINTE de notre dépendance eſt gravée ſur tout ce qui nous environne ; mais l'inſtabilité des choſes humaines n'eſt jamais plus frappante qu'au faîte des Grandeurs. Sur les monumens que l'adulation a érigés aux Maîtres du monde ; au milieu des trophées dont elle a orné leurs tombeaux, par-tout on découvre les traces effrayantes de cette main puiſſante & inviſible, qui renverſe les projets des Princes, qui briſe les Sceptres & ſe joue des Couronnes. S'il

S'il falloit vous convaincre de ce pouvoir suprême qui commande au destin des Nations, qui prononce sur le sort des Rois & de leurs Empires; je ne vous rappellerois ni à ces regnes orageux, balancés par des alternatives continuelles de prospérités & de revers; ni à ces tristes époques où nos annales nous présentent par-tout l'infortune assise sur le Trône à côté du Monarque; des Peuples gémissans; des Souverains dont le cœur ne s'ouvrit jamais aux douces atteintes du bonheur: je choisirois les tems les plus brillans de notre Monarchie; je vous placerois sous le Regne le plus long & le plus glorieux de l'Empire françois; je vous dirois.... Contemplez dans le plus haut dégré de la gloire, ce Roi puissant qui maitrise la fortune, ce Héros qui paroît en fixer l'inconstance, & l'enchaîner par ses succès; voyez comme il est entouré de la multitude de ses enfans, comme il leur distribue les Couronnes de ses rivaux, comme les deux Mondes sont soumis à ses loix.... Portez vos regards sur les dernieres années de ce Regne florissant; voyez ce Prince magnanime sur les bords du tombeau, en proie à tous les malheurs, luttant encore, il est vrai, mais presque subjugué sous l'ascendant qu'il sembloit leur avoir ôté; les chagrins dévorans, les fléaux destructeurs réunis pour accabler sa vieillesse; trois générations successivement précipitées à ses yeux des dégrés du Trône dans les ombres de la mort; un foible enfant dont elle menace le berceau, la seule ressource de ce grand Peuple, également épuisé par ses succès & ses derniers malheurs..... François, ainsi s'est évanoui ce fantôme de gloire; ainsi s'est brisé cet arbre majestueux qui étendoit ses branches avec tant d'orgueil, & couvroit de son ombre superbe l'un & l'autre hémisphere. Mais la voix du Seigneur, cette voix terrible qui renverse les cedres, est aussi la voix de ces consolations puissantes qui portent dans les cœurs l'espoir & la joie. Un tendre & unique rejetton de cette tige auguste a fait revivre toute la splendeur des lys; ce fragile appui du Trône de vos Rois a raffermi l'Etat ébranlé par tant de secousses; sa valeur en a reculé les bornes; sa modération en a dissipé tous les ennemis. C'est lui qui a fertilisé vos campagnes, qui y a fait germer l'abondance, qui en a multiplié les canaux, qui l'a reproduite au sein de vos Cités, qui y a fait fleurir les arts & la paix, qui y a érigé des temples aux sciences & aux lettres, qui a enrichi les dépôts de vos connoissances de celles de toutes les Nations, qui a ouvert par-tout des asiles à l'infortune & à l'indigence, qui a payé le sang de vos guerriers par les bienfaits qu'il a versés sur leur postérité; qui vous a assuré un Peuple de défenseurs.

Etoit-ce dans les secrets pressentimens de ce que LOUIS feroit un jour pour le bonheur de ses Peuples, que la Nation avoit puisé ce tendre intérêt, cet attachement sacré qu'elle lui voua dès sa naissance, & qu'il a emporté dans le tombeau? Etoient-ils la source de cette douce émotion, de cet attendrissement involontaire que la France éprouvoit autour de son berceau, de ces craintes, de ces allarmes qui l'agitoient au moindre danger qui menaçoit son enfance, & qui faisoient dire aux étrangers, que le Souverain de ce vaste Empire étoit devenu l'enfant de tous les citoyens. Non, sans doute, Messieurs: l'amour inné des François pour leurs Maîtres, renouvelle tous les jours parmi nous ces scenes touchantes. Peut-être même les noms immortels de ce Prince sublime qui fut digne de porter le Sceptre de Louis XIV, & dont le génie repara les malheurs de son regne; de Villeroi auquel il confia l'héritier de son Trône, & qui mérita cet honorable dépôt; de Fleuri qu'il appella pour le former dans la science des Rois, & à qui la France doit vingt ans de gloire & de prospérité: Peut-être ces noms vénérés nous sont-ils moins chers par toutes les qualités réunies qui les distinguent dans le petit nombre des Héros & des Sages, que parce qu'ils furent les Dieux tutélaires de son enfance, & qu'ils lui prodiguoient leurs veilles.

Mais s'il falloit justifier un sentiment qui nous est propre & qui nous honore; quel Prince fut plus digne de jouir de l'amour anticipé de ses Sujets? A peine est-il instruit de ses nobles destinées, à peine distingue-t'il le Trône sur lequel il est assis, qu'il veut saisir tous les rapports de ce rang suprême, & déja les premiers élans de son ame en ont mesuré toute l'étendue. Il n'est distrait ni par les prestiges du pouvoir souverain, ni par l'hommage séducteur d'un Peuple courtisan, ni même par les respects sinceres d'une Nation soumise qui adora toujours ses Princes; il n'apperçoit que l'obligation de la rendre heureuse, & dès-lors le bonheur de la France qui avoit été le premier vœu de son cœur, devient un sentiment habituel, qui ne s'est altéré ni parmi les horreurs de la guerre, ni dans le charme de la paix; dont toute la force s'est soutenue & dans l'yvresse de la victoire & dans l'aigreur des disgraces.

Que j'aime à me représenter ce jeune Monarque, déja si intéressant par toutes les qualités aimables de son âge, occupé des leçons sublimes de son auguste bisaïeul, méditant profondément ces maximes sacrées qui l'eussent rendu lui-même les délices de la terre, comme il en avoit été la terreur & l'admiration; contemplant ensuite avec un saint respect l'ame forte & courageuse qui dirige les rênes paisibles de son Empire; suivant d'un œil attentif tous les mouvemens que l'impulsion de ce vaste génie donne aux différentes parties de l'Etat; écoutant en silence le sage qui lui dévoile tous les ressorts de ce grand corps politique, qui lui en explique tous les détails; brûlant de mériter lui-même de son pays, mais tremblant d'abandonner à sa propre inexpérience la félicité de ses Peuples!

François, qui aviez essuyé les orages du dernier Regne, vous vîtes l'aurore du siecle de LOUIS XV, & vous fûtes consolés. Que l'astre bienfaisant qui éclairoit la Nation, s'éclipse tout-à-coup & se dérobe à nos vœux; notre douleur sera profonde, il est vrai; mais elle sera plutôt le cri de la reconnoissance, que le sentiment de nos besoins. Déja l'ame de Philippe semble animer celle de LOUIS, & la Nation qui avoit recueilli avec complaisance tous les traits de la ressemblance de ce bon Prince avec le pere des Bourbons, les reconnoît encore tous dans son Roi.

Présomption de la jeunesse, tourment des ames foibles, jalousie de l'autorité, que vous étiez éloignées de son cœur! Au milieu des acclamations de ses Peuples, LOUIS désavoue le sentiment de ses propres forces; il craint d'essayer un sceptre que tous les suffrages lui eussent déféré; il n'ose le balancer dans ses mains royales; il sçait qu'un mouvement irrégulier peut troubler l'harmonie universelle; il veut que la sagesse & l'expérience d'un Prince de son sang en dirigent toute l'action & perpétuent parmi nous le bonheur & la paix.

Grand Roi, les desirs de votre cœur n'ont point été trompés: ce choix auguste est devenu pour vos Peuples une nouvelle époque de leur félicité. Que regretteroient-ils en effet sous l'administration sage qui leur préparoit les jours sereins dont ils jouissent? Seroit-ce ces nœuds prématurés que le Ciel désavouoit ſans doute ? Mais ſi ces liens leur étoient chers, parce qu'ils devoient reſſerrer encore toutes les branches de la Maiſon Royale; le pacte ſacré qui les réunit, n'a-t'il pas comblé tous leurs vœux: & lorſque chaque jour ils voyent s'accroître & s'étendre autour d'eux l'immenſe perſpective d'un bonheur inaltérable, leur voix reconnoiſſante ceſſe-t'elle de bénir l'heureuſe fécondité à laquelle ils en doivent tant de gages multipliés ? Ah ! nos regrets & nos larmes nous ont trop appris de quel prix étoit pour nous l'auguſte fille de Staniſlas. Si dans l'humble retraite de Weiſſembourg, des regards vulgaires n'apperçurent alors que la fille d'un Roi malheureux, victime des diſſentions de ſa Patrie, proſcrit dans ſes propres États, errant, fugitif, chaſſé d'un Trône où le choix d'un Peuple libre & l'aſcendant du mérite & des talens l'avoient élevé de concert; LOUIS y vit encore la foule des graces & des vertus dont elle devoit orner la France, & les droits du malheur ſur un cœur généreux: Peut-être une politique plus pénétrante y découvroit-elle déja les premiers anneaux de cette chaîne d'événemens qui devoient réunir à la Monarchie Françoiſe l'ancien patrimoine des enfans de Clovis, éteindre pour jamais l'antique inimitié de deux Puiſſances rivales, & nous faire un jour adorer dans nos Maîtres le ſang chéri d'Autriche & de Lorraine.

Pourquoi nos yeux ſatisfaits ne peuvent-ils ſe repoſer plus long-tems ſur cette union fortunée ? Pourquoi ne peuvent-ils en contempler les charmes ? Pourquoi ne peuvent-ils jouir en paix du ſpectacle ſi rare & ſi conſolant de la nature & de la ſenſibilité ſur un Trône où elles ne ſont plus étrangeres ? Faut-il donc que les plus beaux jours ſoient troublés par les tempêtes & les orages, que la félicité des Princes & le bonheur de leurs Peuples ſoient toujours altérés par des ſcenes de ſang & d'horreur ? Régions paiſibles que le Ciel favoriſa de ſes plus doux rayons, le flambeau des guerres éteint depuis tant d'années, fut, il eſt vrai, rallumé dans vos plaines fertiles; vos campagnes, ſi long-tems fatales à nos guerriers, furent enfin jonchées de vos morts; nos légions victorieuſes les remplirent de la terreur & de l'effroi du nom françois; mais ne calomniez point cette heureuſe alliance, ne lui imputez point la ſource de vos malheurs: n'accuſez que l'inquiette activité ou l'ambition turbulente de vos Souverains. LOUIS ne put, ſans doute pardonner l'injure faite à ſon ſang; mais dans tous les tems il eut vengé les droits des

Nations violés, & l'outrage fait à la Majesté des Rois; il eût remis entre les mains de Stanislas le Sceptre sanglant de la Pologne, ou il lui eût conquis des Provinces, pour reparer l'injustice du sort; & lui abandonnant ainsi les dépouilles de ses ennemis, il l'eût dédommagé de ce Trône fragile & chancelant, agité par le choc continuel de toutes les passions d'une liberté factieuse & inconséquente, dont ils l'avoient fait descendre.

Mais la même loi qui dictoit ses vengeances, leur prescrit des bornes; & tandis que la victoire fidelle à ses drapeaux, applanit devant lui tous les obstacles, l'humanité sensible & compatissante arrête sa marche désastreuse; elle repousse l'ambition avide; elle étouffe sa voix si séduisante, lorsqu'elle peut tout oser; elle montre à LOUIS sur tous ses pas des malheurs & des ravages, & tout le prix de la gloire des Conquérans s'évanouit à ses yeux. C'est alors que fut vraiment gravée dans nos ames l'impression profonde & inéfaçable de sa modération & de son équité; nous vîmes sans allarmes multiplier ces succès dangéreux, si capables d'allumer dans l'ame neuve & ardente d'un jeune Héros, ces feux dévorans qui embrasent l'Univers & consument les Nations; nous admirâmes avec une joie pure & tranquille la rapidité de ses conquêtes; nous ne redoutâmes rien du charme presque irrésistible de cette journée mémorable où il assignoit les Couronnes; où deux Royaumes jusqu'alors l'écueil de la valeur françoise, devinrent tout-à-coup l'héritage paisible des Bourbons; où la Lorraine, ce germe fécond de tant de guerres & de tant de calamités, abandonnée par ses Princes, fut à la fois le monument le plus glorieux de la piété filiale & de l'humiliation de ses ennemis. Nous rendîmes de nouvelles actions de graces au Ciel, qui faisoit luire sur nos têtes le soleil de la justice de la paix.

Ne croyez pas que cet amour de la paix fut un sentiment factice médité d'après ses avantages; il étoit au fond de son cœur, & la bonté de son ame ne distinguoit point d'intérêts. Il détesta toujours cette politique barbare & sanguinaire qui porte chez des Nations tranquilles le feu des divisions & des guerres; qui les arme entre elles, afin de les balancer & de les affoiblir par leurs haines mutuelles; qui resserre au-dedans de ses propres frontieres l'heureux empire de l'union & de la concorde: LOUIS eût voulu l'étendre jusques aux extrémités de la terre. Il en faisoit goûter les charmes & à ces Peuples insociables à qui leurs dogmes & leurs usages inspirent pour le reste des humains une aversion toujours renaissante ; & à des ennemis à peine réconciliés, dont la haine alors systématique méditoit déja contre la France de nouveaux projets ; & à ces Insulaires belliqueux, qu'une antipathie nationale, plutôt qu'une politique réfléchie, a toujours rendus implacables ; dont l'amitié la plus constante ne fut presque jamais pour nous qu'une treve momentanée. Il portoit l'olivier de la paix au milieu des Camps ennemis, & la discorde fuyoit à son aspect. Presqu'au même instant il arrêtoit au sein des succès l'ardeur intrépide de l'Ottoman victorieux ; & Charles VI accablé par tous les revers d'une guerre malheureuse, lui dut une seconde fois le bienfait d'une paix nécessaire ; il éteignoit l'incendie qui menaçoit l'Angleterre, & l'Espagne, & les mers ne furent point teintes du sang de leurs Sujets : Le Portugal rassuré bénit l'heureux pacificateur qui faisoit renaître dans toutes ses possessions le calme & l'abondance ; tous les ressorts de l'harmonie relachés presqu'à la fois dans Genes, reprirent à sa voix leur force & leur activité ; le Corse indompté reconnut le Sceptre de ses Souverains ; tous les troubles dont Geneve étoit agitée, s'évanouirent comme une vapeur légere que le soleil dissipe : LOUIS étoit par-tout le bienfaiteur & l'arbitre de l'Univers.

O étrange fatalité des choses humaines ! Vains soupirs de l'humanité ! Vœux impuissans d'un cœur généreux & sensible ! Ce Temple élevé par ses mains à la concorde, s'écroule tout-à-coup sur ses fondemens ; les Nations qui se réposoient à son ombre salutaire, se précipitent avec une fureur aveugle au milieu des combats, & le génie de la paix est lui-même entrainé dans des champs de sang & de carnage. Que LOUIS parut alors terrible à ses ennemis ! lorsqu'il renversoit toutes leurs barrieres ; que le glaive à la main, il parcouroit leurs Provinces effrayées, que du Rhin à l'Escaut, du sommet des Alpes jusqu'au fond de l'Allemagne, il faisoit retentir ses foudres vengeurs ; que ces tours orgueilleuses où ils avoient mis tout leur espoir tomboient devant lui, comme l'herbe des champs sous la faux du moissonneur ? La mort sembloit précéder son char, & leurs légions consternées se crurent ménacées par l'Ange exterminateur : On vit le Batave épouvanté se jetter entre les bras de ses anciens oppresseurs, & la frayeur donna des fers à une Nation qui avoit prodigué son sang pour les rompre. Mais vous sçavez, ô mon Dieu, si les succès dont vous favorisiez ses armes, si l'éclat des triomphes que vous ajoutiez les uns aux autres, altérerent jamais dans son cœur ses premiers sentimens, s'il vous offrit jamais un autre encens. Non, j'oserai le dire; l'excès de sa modération fut fatal à l'Europe, il prolongea les malheurs de la Guerre. Tant de générosité parut un sentiment hors des limites de la nature; elle ranima l'envie qu'elle devoit étouffer : Une ame comme celle de LOUIS pouvoit seule appercevoir d'aussi grands sacrifices. Lorsque sur les champs de bataille, après ses victoires il imploroit ses ennemis, que sur leurs murs foudroyés il leur demandoit la paix, qu'après toutes ses conquêtes il ne sollicitoit que le seul prix de ses travaux; leur obstination dédaigneuse s'aigrissoit encore; elle prenoit de nouvelles forces dans ce désintéressement incompréhensible: LOUIS ne put les fléchir & les convaincre que par sa constance & leurs propres défaites.

Hélas! Si ce repos de l'Europe ne fut qu'un calme trompeur, s'il fut suivi d'affreuses tempêtes, si elle devint la proye d'un nouvel incendie, si le cœur de LOUIS fut encore une fois déchiré par toutes les horreurs d'une guerre cruelle & opiniâtre; c'est que toutes les pensées des hommes sont vaines, c'est que l'Éternel rit de tous leurs projets, qu'il dispense à son gré les biens & les maux, qu'il reproduit quand il lui plaît ces fléaux désolateurs qu'il étend sur les Peuples & dont il châtie les crimes du monde. L'attention la plus scrupuleuse à éloigner tout ce qui pouvoit altérer la paix, la fidélité la plus exacte aux traités, ces négociations multipliées où LOUIS les expliquoit contre ses propres avantages, sa patience, ses soins, ses vœux furent des ressources impuissantes. En vain, pour conjurer l'orage, il formoit ces alliances inouies qui étonnerent toutes les Nations, & que la politique n'osa jamais prévoir; cette heureuse confédération où il trouvoit tant de charmes & que l'Anglois farouche nommoit dans son désespoir *une union monstrueuse*; ce Traité immortel qui excitera la réconnoissance de tous les âges, où la réunion des deux plus puissans Empires du monde sembloit concentrer tous les intérêts dans un seul, détruire le germe de toutes les divisions, subjuguer l'ambition ménacée & anéantir pour jamais ses jaloux efforts ; rien ne put dompter, rien ne put contenir la haine feroce d'un Peuple infléxible, & sa fureur versa des flots de sang dans les quatre parties du monde.

Je ne dissimulerai point ici nos malheurs ; mais si les succès de la France furent balancés par des pertes, quel Prince assez magnanime pour faire taire ses propres ressentimens, lors même qu'ils sont aigris par les revers ; assez généreux pour sacrifier ses propres outrages au bonheur de ses Peuples ; assez humain, assez ami de la paix pour laisser jouir avec insolence d'un triomphe passager un ennemi superbe & injuste, qu'il eût enseveli sous ses propres trophées en l'obligeant à prolonger le combat : Quel autre que LOUIS l'eût vu d'un œil serein couronner son front orgueilleux d'un laurier qui se fût bientôt flétri, ou qu'il lui eût nécessairement arraché, s'il ne se fût empressé de fermer les plaies de la terre & d'arrêter l'effusion du sang ?

LOUIS n'écoutant alors que le cri de l'humanité, LOUIS abandonnant ainsi ses vengeances, malgré l'espoir certain de ses triomphes, malgré les trésors que l'Espagne vient lui prodiguer, malgré ces flottes terribles dont elle couvre les mers & qui en ont tant de fois disputé l'empire, malgré cette marine formidable que la Nation indignée a recréée dans tous ses Ports, malgré les offres généreuses de tous les Citoyens irrités qui brûlent de le venger ; LOUIS acceptant alors la paix me paroît encore plus grand, que lorsque dans les plaines de Fontenoi il la demandoit à ses ennemis dispersés.

Un Prince qui par sa modération fut toujours le pacificateur des Nations, devoit être encore par sa bienfaisance un Monarque chéri de ses Peuples : LOUIS jouit de tout leur amour, & tous ses soins furent de les rendre heureux.

SECONDE PARTIE.

SI le suffrage d'un peuple libre, a jamais pu fixer la mémoire de ses Princes ; s'il assignoit irrévocablement leurs rangs dans les fastes du monde ; s'il consacroit leurs regnes à l'immortalité, ou les dévouoit sans retour au mépris & à l'exécration des siecles ; si la postérité, toute libre & indépendante qu'elle est, n'osa jamais s'élever s'élever contre cette décision auguste ; pensez-vous, Messieurs, qu'elle respectera moins le caractere sacré que la France avoit déja imprimé aux mânes de LOUIS LE BIEN-AIMÉ ; que dans les générations futures, le jugement de nos cœurs sera méconnu ; qu'elles lui disputeront un titre que ses peuples lui prodiguerent dans l'épanchement de leur tendresse, & au milieu de leurs allarmes ; que leur amour & leur joie lui confirmerent dès que le ciel l'eut rendu à leurs vœux, & que la douleur & la reconnoissance ont enfin gravé sur son tombeau ? Pensez-vous qu'un monument élevé dans tous les cœurs à la mémoire d'un bon Roi, puisse périr avec ceux de l'orgueil fastueux qui voudroit se survivre à lui-même, ou de la douleur impuissante qui cherche à tromper ses regrets ?

Nation fidelle ! en vain toutes vos Provinces ont multiplié ces fragiles trophées ; en vain dans toutes vos places vous avez voulu dresser des autels à la reconnoissance. Votre amour a érigé au Prince que vous pleurez, un monument bien plus durable. Toutes ces inscriptions, toutes ces images muettes, ne retiendront point parmi vous son ombre fugitive. Helas ! le marbre qui nous retrace les traits chéris d'HENRI IV, sera bientôt réduit en poussiere, ce bronze fidéle qui les offre sans cesse à la tendre vénération de ses peuples, sera détruit & périra comme tous les ouvrages de la main des hommes. Mais dans quel âge l'impression de sa clémence & de sa bonté sera-t-elle effacée dans le cœur des François ? Dans quel siecle pourront-ils prononcer ce nom sacré, sans émotion & sans attendrissement ?.. Des Villes entieres ont disparu de dessus la face de la terre, comme un sable mobile : on cherche la place des anciennes Cités : Metz & ses superbes remparts seront peut-être ensevelis sous le soc du laboureur ; mais le combat généreux de la tendresse d'un Roi & de celle de ses peuples dont elle fut témoin ; le prix immortel que LOUIS reçut dans son enceinte, de l'amour de ses sujets ; les vertus qu'il y couronnoit, ont éternisé son nom glorieux. Les peres en nommant à leurs enfans les bons Rois, leur apprendront en même-temps, comment ils furent aimés : en leur racontant les traits de la bienfaisance & de l'humanité de LOUIS XV, ils leur parleront encore avec effroi du danger qui y menaça ses jours : ils leur peindront la douleur & l'agitation de la France éplorée, se précipitant à flots tumultueux dans ses murs [illegible] : ils leur retraceront l'accablement & la conſternation de cette multitude morne qui environnoit nuit & jour le palais, comme ſi elle eut voulu en défendre les approches à la mort ; les vœux, les gémiſſemens de tout le peuple proſterné dans les temples ; ſa joie, ſes tranſports lorſque l'Eternel eut enfin étendu ſur ce Prince chéri ſa main propice. Alors un doux ſaiſiſſement paſſera dans leur ame attendrie ; ils l'appelleront encore leur BIEN-AIMÉ, & toute notre ſenſibilité ſe reproduira chez nos derniers neveux.

Je ſçais tout ce que peut l'enthouſiaſme d'un peuple idolâtre de ſes Rois ; mais s'il n'eſt enflammé par ces traits de bonté qui ſubjuguent les cœurs ; s'il n'eſt entretenu par ce caractere bienfaiſant qui les captive ; c'eſt une vapeur brillante qui ſe conſume & ſe diſſipe preſqu'au même inſtant, une lueur paſſagere qui s'évanouit & meurt avec eux.... Dans cette foule de Souverains qui ont gouverné la France ; parmi ceux même dont le regne éclatant parut entraîner tous les hommages, je cherche les Princes pour qui s'eſt perpétuée cette vénération tendre, la vraie & peut-être la ſeule louange des Rois.... Un petit nombre voulurent que leurs peuples fuſſent heureux ; ils en furent vraiment les peres ; ils ne connurent de bonheur que celui qu'ils pouvoient répandre. S. LOUIS, CHARLES V, LOUIS XII, HENRI IV ; voila les noms chéris, les noms immortels, ceux dont le ſouvenir rappellera dans tous les âges, la reconnoiſſance & les regrets. Craindrois-je de placer à côté d'eux, celui d'un Monarque à qui ſes peuples donnerent des témoignages auſſi conſtans de leur amour ? L'illuſion ſe prolonge-t-elle pendant un demi ſiecle ? Une tendreſſe qui s'eſt attachée, pour ainſi dire, à tous les événemens d'un regne de cinquante-neuf ans, eſt-elle le fruit d'un délire momentané ? Un ſentiment aveugle & impétueux, peut quelquefois égarer une Nation ſéduite, mais produit-il jamais les tranſports ſoutenus qui en ont marqué toutes les époques ?

N'en doutons point, Meſſieurs ; l'empire glorieux que LOUIS a exercé ſur tous les cœurs, a conſacré ſa mémoire. Il l'honorera bien mieux dans l'avenir que tous nos foibles éloges. Mais qu'il eſt doux à un François de s'entretenir de l'objet de ſa reconnoiſſance ; de célébrer un regne dont tous les établiſſemens ſont des bienfaits ; de ſe retracer ces événemens variés, ces ſituations touchantes où la bonté parut toujours ornée de nouveaux attraits !

Orateurs inſenſibles, qui ne connoiſſez de grand que ces noms fameux qui ont fait trembler la terre; vous ſuivez ſervilement le char triomphant de vos héros ; vous n'oſez vous éloigner un inſtant de la carriere brillante qu'ils ont parcourue ; vous craignez que leur vie privée, en les rendant à la nature, ne rétabliſſe entr'eux & le reſte des humains, l'égalité conſolante que vous cherchez à détruire. Moi, j'écarterai l'appareil impoſant du trône; je ſuivrai Louis dans l'intérieur de ſon palais; j'oſerai ſoulever le diadême, & lorſqu'il aura dépoſé la Majeſté Royale, je contemplerai l'homme : j'admirerai l'affabilité prévenante, la tendre intimité, la confiance généreuſe d'un Monarque qui croit a l'amitié, qui en connoît tout le charme, qui ſe livre ſans crainte & ſans réſerve à ſes doux épanchemens. Je louerai la tendreſſe d'un Prince qui ſe plaît à recevoir les careſſes de ſes enfans raſſemblés autour de lui, qui ſourit à leurs jeux innocens, qui partage leurs plaiſirs. Si la mort vient frapper les premiers gages de ſa tendreſſe, ſi elle ne reſpecte ni l'âge, ni les vertus de ſon fils unique, de ce fils la douce eſpérance de la Nation; je verrai ſon ame déchirée, éprouver toutes les convulſions de la douleur; & pendant qu'il s'efforcera de la concentrer au-dedans de lui même, de verſer dans le ſein d'une mere & d'une épouſe déſolées, des conſolations dont il n'eſt pas lui-même capable; je recueillerai les larmes précieuſes qu'il voudroit dérober à leur ſenſibilité, & je vanterai la bonté de ſon cœur. Ah! s'il eſt vrai que le premier Roi fut un pere de famille, que Louis eut été digne de commander à l'Univers! que cette famille auguſte étoit une noble image du premier Empire!

François, ſa tendreſſe vous avoit adoptés; il vous portoit dans ſon cœur; vous futes tous ſes enfans. Quelle eſt en effet la claſſe de ſes ſujets ſur laquelle il n'a point étendu ſa bienfaiſance? Quelle eſt celle que ſes regards ont dédaignée, ou qu'ils n'ont point apperçue? Miniſtres du Seigneur, généreux défenſeurs des Loix, guerriers courageux, ſçavans infatigables, & vous dont l'intrépide activité nous offre chaque jour tous les tréſors des deux mondes; mais vous ſurtout à qui la France doit plus encore, vous ſa vraie richeſſe, agriculteurs vénérables, citoyens de tous les ordres, qui ſont ceux que ſes ſoins paternels ont oubliés, ceux dont la recompenſe n'a point encouragé le zele & les travaux? Parcourez les monumens de ſon regne; voyez ces nombreux aziles où son ame sensible & compatissante semble se multiplier & s'étendre ; jettez les yeux sur ce Licée célebre où l'éducation publique reçut les prémices de ses soins ; ou plutôt arrêtez les sur cette école guerriere dont aucun Prince n'avoit encore conçu l'idée ; entrez dans ce palais où la bonté qui le consacre, fait oublier la magnificence qui l'environne ; considérez ce noble dépôt de la valeur françoise ; contemplez la postérité de vos héros... Sont-ce les enfans de LOUIS, qui se pressent autour de sa statue, qui répétent avec tant d'allégresse, l'inscription touchante * qui annonce ses bienfaits & ses soins... Avec quelle abondance, quelle prodigalité tous leurs besoins y sont prévenus ! Avec quel zele, quelles lumieres la Religion & la vertu président à leurs mœurs ! Avec quel empressement toutes les sciences, tous les talens divers se réunissent pour les rendre dignes de leurs ayeux! Croyez-vous que LOUIS ait acquitté la dette sacrée de son cœur ? Le meilleur des peres forma-t-il jamais pour un fils chéri, des desirs plus etendus ? Non; s'il est un prix à la vie, il n'en est point deplusgrand.

Mais pour intéresser cette ame généreuse, faut-il donc que le sang versé pour la patrie, soit transmis par des ayeux illustres ? La valeur & la bravoure ne seront-elles apperçues que lorsque l'éclat des ancêtres réfléchira sur elles ? Préjugés barbares, son cœur pouvoit-il vous adopter ? Quels étoient les titres de ces premiers Francs qui fonderent avec tant de gloire notre Empire ? LOUIS les voit tous dans ces guerriers ignorés, condamnés jusqu'alors à une injuste obscurité ; il y voit le courage & les talens consacrés à l'Etat ; il en reconnoît les défenseurs, & aussitôt ils sont admis aux prérogatives glorieuses qui furent leur antique récompense : la Nation soulagée d'une partie de sa reconnoissance, applaudit à une distinction qui n'eut jamais une plus respectable origine ; la Noblesse Françoise adopte avec joie les noms célebres qu'ils ont créés, & bientôt des neveux dignes de les porter, remplaceront ces générations de héros, qui, après avoir servi fidélement leurs Princes, pendant une longue suite de siecles, ont enfin disparu, & n'ont laissé d'eux qu'une mémoire immortelle.

C'est ainsi qu'en s'abandonnant au penchant de son cœur, en se livrant à toute sa bienfaisance, LOUIS immortalisoit les chefs de ces légions, & renouveloit dans leurs veines épuisées, un

---

* Hic amat dici pater atque Princeps.

sang qui lui fut si cher; c'est ainsi que l'impression de sa bonté portoit dans toutes les conditions, cette émulation noble, l'ame des Monarchies; qu'elle créoit une nouvelle force dans l'Etat, qu'elle augmentoit l'activité de tous ses ressorts, qu'elle en vivifioit toutes les parties.

Le Commerce protégé par ses Loix, vit enfin briser ses fers; l'heureux cultivateur bénit la main qui lui conservoit ses troupeaux, qui avoit affranchi ses moissons & multiplié sa richesse. Les Provinces où la nature parut le plus avare de ses dons, forcerent l'ingrate stérilité de leur sol, & l'industrie y reçut ses tributs; des routes spacieuses ouvertes dans toutes les parties du Royaume; des canaux immenses, creusés jusques dans le sein des montagnes, répandirent au loin l'opulence de ces contrées fertiles, où la terre prodigue, accumuloit auparavant inutilement ses trésors. Toutes les côtes présenterent au navigateur encouragé, des asyles contre la tempête; une lumiere fidelle lui montra les écueils, & pendant que le génie excité par des prix dignes de la munificence du meilleur des Rois, s'occupoit à lui tracer avec précision sa course au milieu des abîmes; déja dans le sein même de l'élément orageux qu'il parcouroit, il puisoit une onde aussi pure & aussi salutaire, que celle qui, dans les vallons, jaillit aux pieds des montagnes & des rochers qu'elle arrose. Tous les arts, tous les talens utiles s'empressoient à l'envi de mériter les regards d'un Roi qui en connoissoit tout le prix, dont la bienfaisance sembloit les faire éclorre, & jamais leurs succès ne furent ni plus rapides, ni plus éclatans: jamais le génie des sciences ne prit un vol plus élevé; jamais la supériorité de la France ne fut établie sur des fondemens plus solides & plus étendus. Les extrémités de l'univers se réuniront pour attester aux siecles, ce qu'osa l'esprit humain sous son régne.

Parlerai-je de l'influence que son caractere porta dans la Politique & le Gouvernement des Nations, de cette lumiere douce & paisible qu'il parut répandre sur leurs intérêts? Qui sçait si le génie des Princes, n'entraîne point souvent celui de leur siecle; si son esprit pacifique & modéré ne fit point chérir ses principes, s'il n'étendit point les progrès de cette philosophie si conforme à son cœur, qui a démontré que la balance de l'Europe peut conserver son équilibre sans être ensanglantée; que la gloire des Souverains est essentiellement liée au bonheurde leurs sujets; que l'humanité est la premiere vertu des Rois; que le génie des conquêtes est un fléau presqu'aussi redoutable à l'Empire qu'il conserve, qu'à celui qu'il détruit.

Je ne crains point que la commotion inattendue qui ébranla le sanctuaire des Loix, anéantisse dans la postérité, le respect qu'il conserva toujours pour ces maximes immuables, sur lesquelles reposent la liberté des citoyens & la tranquillité des Etats. Une secousse passagere n'accusera point auprès d'elle un Législateur dont la sagesse éclaira tous les Tribunaux; dont toutes les vues étoient dirigées vers la félicité de ses peuples. LOUIS sera jugé dans les races futures, comme il le fut au milieu même de l'orage, par les Magistrats fideles sur lesquels s'appesantit son sceptre. Dans l'exil, au sein des disgraces, leur reconnoissance s'est-elle affoiblie? L'espoir s'est-il éteint au fond de leur ame abattue? Lors même que l'impulsion fatale qui l'emportoit malgré lui, sembloit lui dérober tous les objets, & faisoit craindre la chute des Loix; ont-ils jamais calomnié son cœur? S'ils ont plaint le Monarque trompé, ont-ils cessé de reconnoître le Prince équitable qui ne vouloit regner que par elles? Ont-ils abandonné l'heureux présage de ce calme desiré, où la vérité tranquille reviendroit s'asseoir sur son trône, où il envieroit à son auguste petit fils, le bonheur de consoler son peuple & de dissiper ses allarmes?

Quelles seroient maintenant les ressources de la douleur, si parmi tant de qualités qui le rendoient si cher à nos cœurs, je n'osois nommer celles qui seules peuvent adoucir nos regrets? Si LOUIS n'eût encore été un Prince religieux; s'il n'eût abbaissé son sceptre devant la Majesté Suprême qui les brise ou les éleve; s'il n'en eût fait un hommage continuel au Dieu protecteur de son empire: aujourd'hui qu'il est entré dans la nuit du tombeau, & que sa cendre est confondue dans la poussiere des Rois, que resteroit-il donc à notre espoir? Seigneur, nous nous réjouirons dans vos miséricordes; vous aviez formé son cœur pour la vertu, & au milieu même de ses égaremens, l'impression de votre main puissante fut toujours sensible. Censeurs farouches, épuisez toute votre malignité, & dans tout ce long regne, saisissez un instant où la voix du remords & le respect pour la conscience ayent perdu leurs droits; où en cédant à la séduction & au charme impérieux de ses passions, LOUIS ait voulu justifier ses foiblesses; où il ait cessé d'honorer la piété; où il ait rougi de l'Evangile; où il ait repoussé le zele de ses Ministres; où il ait favorisé l'orgueil des sectes ; où il se soit élevé contre cette Loi souveraine & inflexible qui juge & condamne avec une rigueur égale, le Monarque & le Sujet.

Pourquoi l'impie frémissoit-il ? Pourquoi s'agitoit-il dans sa rage impuissante ? Croirons nous qu'une si grande proie n'ait point tenté son cœur, ou que l'irréligion timide n'ait osé porter ses regards jusqu'au trône ? Ah ! Si les principes de LOUIS eussent été moins connus ; si sa foi eût été moins inébranlable ; si cette égide sacrée dont elle le couvroit, ne l'eût pas mis à l'abri de toutes les atteintes ; qu'un tel triomphe eût ranimé ses efforts ! Comme elle se fût empressée d'essayer auprès de lui ses pernicieuses maximes, de lui présenter ses ressources funestes, de calmer son ame flotante & agitée, de bannir ces craintes, ces inquiétudes salutaires, qui en répandant l'amertume sur tous les plaisirs, le tenoient toujours sous la main du Seigneur !

Mais comment auroit-elle pu s'insinuer auprès d'un Prince qui protégeoit si ouvertement le Sanctuaire, qui combloit tous les Autels de ses dons, qui montroit tant de zele pour leur culte, qui honoroit si publiquement leurs Ministres, mais qui n'accordoit sa confiance qu'à ceux qui honoroient eux-mêmes ces fonctions sublimes. Il suffisoit de l'entendre, de voir avec quel respect il parloit de nos Dogmes sacrés, avec quel recueillement il paroissoit dans les Temples, avec quelle religieuse exactitude il se livroit à tous les exercices de la Loi sainte ; & tous les desseins des pervers étoient confondus, tous leurs projets insensés étoient anéantis.

Ce caractère plein de franchise & de candeur, ne pouvoit sans doute être soupçonné d'un déguisement aussi pénible ; mais combien de traits consacrés par notre reconnoissance où cette contrainte se seroit décelée, où son cœur se seroit nécessairement trahi lui même. Toutes les fois qu'il a fallu prononcer entre les intérêts de la politique & ceux de la Religion, a-t-il jamais balancé ; hésita t'il un seul instant ? A Dieu ne plaise que je veuille toucher les plaies de l'Eglise ; mais dans un calme profond, je puis parler de ces jours orageux où des divisions funestes déchiroient son sein : LOUIS, le cédoit-il alors à une mere tendre & éplorée qui s'empresse de réunir ses enfans ; ses entrailles n'étoient-elles pas véritablement émues ? Lorsque la Religion a exigé les sacrifices les plus rigoureux ; a-t'il jamais méconnu son Empire ? Lorsqu'une fille chérie s'est arrachée à sa tendresse ; que du sein de son Palais, elle s'est retirée près des tombeaux de ses peres, pour y méditer nuit & jour les années éternelles ; lorsque sous le cilice & la cendre elle a voulu dérober à nos regards édifiés, l'éclat des sceptres qui l'environnent ; LOUIS a-t'il opposé l'autorité d'un pere ou d'un maître, & s'il l'a réclamée, n'a-t-elle pas toujours été subordonnée à cette puissance invisible qui étend sa domination sur tous les Rois de la terre, & qui dirigeoit les pas de cette illustre victime ? Enfin nous l'avons vu sur les bords du tombeau : dans cet instant redoutable s'est-il démenti ? Lorsque l'Ange de la mort est venu lui redemander le diadême, avoit-il oublié que c'étoit un dépôt qu'il devoit rendre à l'Arbitre de ses jours ? Sa soumission pouvoit elle être plus entiere & plus marquée ? Eût elle besoin d'être déterminée par les exhortations des Pontifes ?

Mon Dieu ! vous fûtes témoin de son repentir, vous vîtes couler ses larmes, vous entendîtes le cri de sa douleur, vous vîtes avec quelle ardeur son ame pénétrée, s'élançoit vers vous, avec quelle confiance elle se précipitoit dans vos bras paternels. Vous punissez le Séducteur, mais vous épargnez la foiblesse qui en succombant, se condamne elle-même...... LOUIS n'a point été rejetté de vos Tabernacles.

Seigneur, exaucez encore cet autre vœu de la France ; conservez le Monarque bienfaisant qui la console ; soyez le Dieu de sa jeunesse ; prévenez-le de la douceur de vos bénédictions ; soutenez son courage ; éloignez toujours de son Trône le perfide & le méchant ; que l'Univers se plaise à contempler la gloire dont vous allez couronner son front, & qu'après avoir parcouru dans la voie de vos Commandemens, la carriere la plus longue, il soit aussi agréable à vos yeux, qu'il sera cher à ceux de ses peuples. Ainsi soit-il.

www.ingramcontent.com/pod-product-compliance
Lightning Source LLC
LaVergne TN
LVHW020457230826
846091LV00008BA/3260

9782019214913